BEI GRIN MACHT SICH IHR WISSEN BEZAHLT

- Wir veröffentlichen Ihre Hausarbeit, Bachelor- und Masterarbeit

- Ihr eigenes eBook und Buch – weltweit in allen wichtigen Shops

- Verdienen Sie an jedem Verkauf

Jetzt bei www.GRIN.com hochladen und kostenlos publizieren

Sarah Weber

Der Begriff Heiliger Geist bei Karl Barth

GRIN Verlag

Bibliografische Information der Deutschen Nationalbibliothek:

Die Deutsche Bibliothek verzeichnet diese Publikation in der Deutschen National-
bibliografie; detaillierte bibliografische Daten sind im Internet über http://dnb.d-
nb.de/ abrufbar.

Impressum:

Copyright © 2009 GRIN Verlag GmbH
Druck und Bindung: Books on Demand GmbH, Norderstedt Germany
ISBN: 978-3-656-73175-7

Dieses Buch bei GRIN:

http://www.grin.com/de/e-book/279493/der-begriff-heiliger-geist-bei-karl-barth

Der Begriff „Heiliger Geist" bei Karl Barth

Zusammenfassung

Inhaltsverzeichnis

Einleitung und Definition

Das in Karl Barths zwölften Paragraphen behandelte Grundproblem bezieht sich auf den christlichen Glauben, nämlich auf die Anerkennung Gottes in Jesus Christus. Es steht die Frage im Raum, wie die Menschen zu diesem Glauben kommen.

An dieser Stelle bringt Barth den Heiligen Geist ins Spiel und geht dem Problem anhand dieser Frage auf den Grund, indem zunächst die Wirkungen des Heiligen Geistes im Vordergrund stehen und anschließend in Bezug zum Nicäno-Konstantinopolitanum gesetzt werden.

Die Entfaltung der im zweiten Teil behandelten Ewigkeit des Heiligen Geistes hat bereits im ersten Teil durch die konkreten Wirkungen des Geistes, der den Menschen von Gott gegeben wird (vgl. S 494, Z. 11ff.), begonnen.

Zunächst soll jedoch der Begriff aber definiert werden.

Der Heilige Geist ist wie Vater und Sohn eine Hypostase Gottes, die wiederum ganz Gott ist, aber ein drittes Mal anders. Ewig aus dem Vater und dem Sohn als Liebe zueinander hervorgehend, ist er als dritte der drei Hypostasen die Zuteilwerdung der Offenbarung Gottes am Menschen und gibt dadurch den Glauben und die Freiheit. Er ist in der Offenbarung aber immer gleich mit dem in sich verborgenen Gott und erweist sich als energische und einflussnehmende Kraft, die in und durch uns wirkt.

Dabei ist der Heilige Geist stets mit seinen Wirkungen identisch, spiegelt in uns das innergöttliche Leben wider und nimmt uns darin auf, indem er sich selbst schenkt. Er ist die Begegnung mit Gott.

Der Geist Gottes macht lebendig, ist in uns gegenwärtig und ist der Grund unseres Bewegt seins, wenn wir durch veranlasst werden, vom Christusgeschehen zu reden.

Er ist wie eine Brücke zwischen den Menschen und Gott, auf der Jesus Christus zu ihnen gelangt.

Diese Definition werde ich vom Großen Glaubensbekenntnis her anfangen, zu entfalten.

Wesen des Heiligen Geistes

Im Nicäno-Konstantinopolitanum sind Glaubensaussagen und in dessen dritten Artikel besonders die Aussagen über den Heiligen Geist (vgl. S. 492 ff.), wie sie das Zeugnis der Offenbarung Gottes besagt, festgehalten. Sie sind sehr präzise, aber dennoch vielschichtig in ihrer Bedeutung, weil Gott trotz seiner Allgegenwärtigkeit für uns nicht greifbar ist. Er bleibt geheimnisvoll, was sich auch später noch in den Ausführungen zum menschlichen Sprachmodell, der Trinitätslehre, zeigen wird.

Das Attribut „heilig" wird für Gottes Geist deswegen gebraucht, weil es sowohl für die Unterschiedenheit von seiner Schöpfung als auch für das Göttliche steht (vgl. S. 472, Z. 37f.; S. 499, Z. 4-7). Er verherrlicht Gott durch diese klare Trennung und ist so mit nichts zu vergleichen, was er geschaffen hat. Wohl aber wendet sich dieser ganz Andere den Menschen zu.

Gott ergreift sie mit seiner Offenbarung, während er sie zugleich mit seinem Geist erfüllt (vgl. S. 497, Z. 34-38) und sich ihnen durch seinen Sohn zuwendet. Das ist gemeint, wenn in der Definition vom Heiligen Geist als Brücke zwischen Gott und den Menschen die Rede ist. Er ebnet dem Wort Gottes so den Weg zu den Menschen. Zugleich ist der Heilige Geist derjenige, der den Vater zum Vater und den Sohn zum Sohn wirkt. Ohne ihn wäre dieses Verhältnis überhaupt nicht existent, was auch beinhaltet, dass er nicht mit ihnen vermischt, aber auch nicht von ihnen getrennt werden darf (vgl. S. 497).

Gottes Geist ist kein Werk der Schöpfung (vgl. S. 496, Z. 46f.), da Gott selbst der Schöpfer und sein Sohn deshalb ebenso wenig ein Geschöpf ist. Darum kann auch die Einheit zwischen ihnen keines sein. Er ist somit *heilig* und göttlich.

Die Heilige Schrift berichtet vielmehr vom Heiligen Geist als dem *Schöpfer des Lebens* (Gen 2_7) (vgl. S. 495, Z. 26ff.) und als Gabe Gottes. Das kann schon vom Wort ru^ach her abgeleitet werden, denn es bedeutet „Hauch", „Atem", „Sturm", „Wind", „vom Geist Bewirktes". Die Gabe ist er ewig in Gott und kommt genauso über uns. Er offenbart sich uns folglich so, wie er innergöttlich ewig handelt, und kann aus dieser Ewigkeit heraus an uns handeln (vgl. S. 494, Z. 11ff.).

Der Geist Gottes ist gleichfalls nicht mit uns Menschen identisch oder von uns kontrollierbar (vgl. S. 512, Z. 23-27; Z. 40ff.), sondern durch ihn beginnen wir, unsere Menschlichkeit im Gegensatz zu ihm zu begreifen, wenn sich Gott uns in seiner Offenbarung zum Herrn gibt. Sein Geist ist das Siegel, das Jesus Christus den Menschen aufdrückt (vgl. Eph 1_{13}) und so wird schon deutlich, dass eine enge

4

Bindung zwischen den Hypostasen herrscht (vgl. S. 503, Z. 33-36). Auch dies wird noch zu entfalten sein.

Gott offenbart sich aber nicht einfach, indem er sich uns zeigt, sondern er offenbart sich besonders, indem er uns daran ganz persönlich teilhaben lässt (vgl. S. 512). Der Heilige Geist ist eine *Person*, was an den verschiedenen genannten Wesenszügen zu erkennen ist. Dass sie wiederum ganz Gott ist, soll sich ebenfalls in den kommenden Abschnitten zeigen.

Die verschiedenen Wirkungen des Heiligen Geistes

Das Verhältnis von Gott und den Menschen – Die Gotteskindschaft

Der Gedanke, der sich hieraus ergibt, beschäftigt sich mit *unserem* Verhältnis zu Gott, aber muss natürlich innergöttlich beginnen, da der Geist Gottes in Ewigkeit die Beziehung zwischen Vater und Sohn ist und uns in diese hineinzieht. Einher damit geht die Frage, welche Rolle der menschliche Glaube dabei spielt.

Der Heilige Geist ist also als Band zwischen Vater und Sohn immer Gott, denn indem der Sohn ewig aus dem Vater herausgeht, geht auch der Geist ewig aus diesem Hervorgehen als Liebe hervor (vgl. S. 507, Z. 6-11).

Er schöpft durch sein Wirken, indem er in Einheit *mit* und in Verschiedenheit *von* Vater und Sohn der „Schöpfergott" (S. 495, Z. 26) ist, die ganz besondere und belebende Beziehung zwischen Gott und den Menschen, nämlich als Vater zu seinen Kindern. Das bedeutet, dass uns Gott allein aus seiner Freiheit heraus im Senden des Heiligen Geistes unsere eigene Freiheit gibt, die uns zu seinen Kindern macht, wie er auch Jesu Christi Gottessohnschaft gewirkt hat (vgl. S. 480, Z. 29-33).

Die Gotteskindschaft bezeichnet dabei das nachösterliche Gottesverhältnis der Menschen über ihren Glauben, den ihnen der Heilige Geist bringt. Es ist das Moment der Umkehr, des innerlichen Wandels. Ein besonderes Beispiel dafür ist Paulus (vgl. Apg 9).

Er befreit uns von der Abwendung *von* Gott zur Hinwendung *zu* Gott. Das heißt, dass der Mensch nicht mehr seiner Verschlossenheit unterliegt, sondern sich in Gottes Obhut begeben kann und auch will (vgl. S. 479, Z. 7ff.).

Der Geist Gottes ist folglich selbst die Freiheit zu diesem Schritt, die an uns weitergeben wird und in der wir auch in der Reihe der Gemeinschaft mit Gott stehen, welche mit seinem Sohn begonnen hat und in uns immer wieder gegenwärtig wird. Er ist derselbe Geist, der im Sohn gewirkt hat, der auch in uns wirkt und die Menschen für Gott öffnet, damit sie (auf) sein Wort hören können (vgl. S. 473, Z. 40; S. 497, Z. 39-41). Das ist die Darstellung der Worte Karl Barths: „Ein solches Kind Gottes sein und den Heiligen Geist empfangen, das ist eins und dasselbe." (S. 481, Z. 3-5).

Der Heilige Geist ist demzufolge *sowohl* die Relation zwischen Vater und Sohn, weil sie als ewige Energie aus dem innergöttlichen Prozess entsteht, *als auch* die Verbindung zwischen Gott und den Menschen. So vereint der Heilige Geist den Vater mit seinen Kindern, gleichwie den Vater mit dem Sohn (vgl. S. 504, Z. 20ff.). Gott wendet sich den Menschen allein durch das Wort zu und wirkt diese Lehre Jesu Christi in ihnen weiter durch seinen Geist (vgl. S. 475, Z. 8-16).

Hierbei ist nun zu erkennen, was zu Beginn bereits angeschnitten worden ist, nämlich dass die Offenbarung nichts anderes darstellt als Gott wie er in Ewigkeit ist. (S. 489, Z. 27f.). Der Heilige Geist ist dadurch, dass er die Zuteilwerdung ist, in uns dasselbe wie in Gott.

In unserer Beziehung zu Gott wird er uns als Herr offenbar und unsere Stellung als seine Geschöpfe, seine Kinder, wird uns vor Augen geführt (vgl. S. 512, Z. 30f.).

Die Beziehung existiert in einer Weise wie die Beziehung vom göttlichen Vater zu seinem Sohn ist, nämlich liebevoll (vgl. S. 505, Z. 37-41). Diese Liebe und die Beziehung, die er uns schenkt, ist auch der Heilige Geist selbst und zwar genau deshalb, weil er sie auch in Gott ist (vgl. S. 504, Z 15).

Es ist deshalb so bedeutsam, dass das *filioque* in das Glaubensbekenntnis mit aufgenommen worden ist, da ohne den Sohn die Beziehung nicht möglich wäre. Jesus Christus ist es schließlich, der durch den Glauben zu uns gebracht wird. Hier zeigt sich erneut die Unterschiedenheit von Geist und Wort Gottes, da der Geist der Überbringer und das Wort das Überbrachte ist. Wie die biblische Offenbarung lehrt, wird der Sohn außerdem *gezeugt*, was vom Geist nicht gesagt wird, weil dieser der Hauch, der Atem, der Sturm ist (vgl. S. 500ff.). Dies ist schon im Zusammenhang mit der Schöpfung aufgekommen. Dennoch können sie nicht getrennt voneinander sein und bedingen einander ebenso wie den Vater und der Vater bedingt sie.

Eine weitere Feststellung, die gemacht werden muss, ist die, dass man keinesfalls aus eigener Kraft auf Gott zugehen kann. Der Mensch hat dabei immer die passive Rolle und ist der Beschenkte.

Freiheit als Knecht

Gottes Beziehung zu uns ist nicht wirklich einfach da, sondern sie bewirkt etwas in uns beziehungsweise der Heilige Geist ruft diese Wirkungen in uns hervor, die Karl Barth nach 1 Petr 2_{16} so ausdrückt: „Die wirklich Freien sind vielmehr frei als Knechte Gottes" (S. 479, Z. 34). Wie man als Knecht zugleich seine Freiheit bekommen kann, soll im Folgenden entfaltet werden.

Der Heilige Geist ist derjenige, der die Menschen zu dem Glauben bringt, aus dem heraus die Beschenkten den Willen besitzt, nach Gottes Gesetz zu handeln und ihm zu dienen (vgl. S. 477, Z. 15-19). Das geschieht in der Überbringung der Freiheit und der Gotteskindschaft. Diese sind und bleiben immer ein Geschenk, doch das hat natürlich Folgen für das Leben, die nun dargestellt werden sollen.

Gott zu dienen, kann auf verschiedene Weisen geschehen, aber es ist immer eine Gabe der Gnade Gottes, einen Dienst in diesem Sinn zu leisten. Die Menschen können nur dienen, weil sie frei sind und im gleichen Atemzug in die wunderbare Gotteskindschaft aufgenommen werden. Deswegen haben die Menschen aus dem Glauben heraus den Willen, Gottes Gesetz zu befolgen. Sie halten sein Wort, das uns der Heilige Geist empfangen lässt, für wahr.

Ohne die Teilnahme an der Offenbarung, ist jegliche Mühe zwecklos, weil uns die leitende Hand des Geistes fehlt (vgl. S. 479, Z. 7-12). Diese lässt uns der Heilige Geist zuteil werden, indem er uns geistliche Begabungen schenkt, die unsere Fähigkeit sind, zu dienen.

Nicht also nur durch das passive Empfangen, sondern durch Aktivität, die daraufhin folgt, sind wir richtig frei (vgl. S. 479, Z. 47f.). Mit den Gnadengaben, welche er sowohl in uns bewirkt als auch zugleich damit unser Wirken nach außen antreibt (vgl. S. 476, Z. 36ff.), ist der Geist Gottes zu identifizieren.

Wir folgen also, indem wir dem Wort Gottes gehorchen, den geistlichen Begabungen und somit dem Geist Gottes.

Dadurch, dass alle Gaben dem Heiligen Geist entspringen, manifestiert Gott seinen Geist und erweist konkret seine Gnade. Er bringt die Begabungen, die die einzelnen und jeweils besonders ausgestatteten Menschen *gemeinsam* als Glieder des Leibes Christi auszeichnen, zu den Menschen, über die er der Herr ist (vgl. S. 477, Z. 1ff.). Auch dies wird mit der Taufe verliehen und so stellen die Menschen als christliche Gemeinschaft in gewisser Weise die *Einheit in der Verschiedenheit* dar, ähnlich wie es die innergöttliche Eigenschaft ist.

Wir begreifen darin wieder die Heiligkeit des Geistes, der mit den Gnadengaben seine Herrschaft über die Menschen deutlich macht und sich als der ganz Andere zeigt (vgl. S. 477, Z. 1ff.).

Sich von Gott leiten zu lassen, kann die Menschen sich selbst entreißen, weil die Intensität, mit der Gott sie durch seinen Geist treibt, so stark werden kann, dass sie sich diesem Treiben und so auch Gott ganz hingeben. Das Treiben zielt auf die oben beschriebene Freiheit ab (vgl. S. 480).

Ausgießung des Geistes - Mitteilung

Ein befreites Leben, das uns von Gott her durch seinen Geist geschenkt wird, ist von seiner immensen Energie gefüllt und lässt uns, weil er stets in uns ist, nicht mehr los. Das setzt den Grundstein für etwas sehr Menschliches, nämlich das Reden und Kontaktieren von anderen Menschen.

Die Zuwendung Gottes durch das Geben seines Sohnes reißt die Menschen so mit, dass sie darüber *reden* und dieses Wunderbare *mitteilen* wollen. Dieser Augenblick des Äußerns ist gewirkt durch den Heiligen Geist. So wie Gott sein Wort verkündet, hat sein Geist in uns einen sehr ähnlichen Effekt.

Die Trinitätslehre hat sich als Sprachmodell und Interpretation der Offenbarung entwickelt und gegen andere Modelle durchgesetzt (vgl. S. 500ff.), um Gott gemäß Heiligen Schrift bestmöglich mit Worten ausdrücken zu können. Sie impliziert keineswegs die Behauptung, dass Gott durchschaut oder definiert werden könne, wohl aber, dass es doch Einiges gibt, das uns das Reden von und über Gott ermöglicht. Eine notwendige Voraussetzung dafür ist, dass wir davon ausgehen, dass Gott genauso ewig war, ist und sein wird, wie er sich offenbart und mitteilt (vgl. S. 489, Z. 27f.).

Es handelt sich bei dem genannten Reden und Mitteilen, das allein durch den Geist geschenkt werden kann, um eine Art der Vervielfältigung des Osterereignisses insofern, als dieses ganz bestimmte Reden, die Menschen damals und heute genau deswegen zu dem Glauben veranlasst, an der Versöhnung und der Gotteskindschaft teilzuhaben (vgl. S. 477, Z. 7-10). Es ist eine immerwährende Reproduktion und ein immer wieder neu Erzählen vom für uns hingegeben Sohn Gottes, mit dem wir uns im Glauben identifizieren.

Das Reden darüber stellt noch einmal eine andere Seite der Verbindung zwischen Gott und uns her, da es mit dem Ausgießen seines Geistes über uns zu tun hat (vgl. S. 477, Z. 24-27), das uns beflügelt und persönlich daran teilhaben lässt. Der Rededrang ist eine Wirkung, die der Heilige Geist auslöst, und das Reden selbst ist wieder kein anderer als er (vgl. S. 478, Z 17f.). Somit ist er auch aus dieser Perspektive die zusammenhaltende Kraft zwischen Gott und den Menschen.

Es entsteht eine Bewegung und Belebung der Geist-empfangenden Menschen, die sich auf ihr eigenes Leben und auch das ihrer Mitmenschen auswirkt. Die Auswirkungen auf das eigene Leben sind im vorherigen Abschnitt erörtert worden.

Geschichtlichkeit

Die Mitmenschen spielen für den einzelnen Menschen eine wichtige Rolle, denn als Gegenüber und Partner definieren und reflektieren sie einander. Es zeigen sich Multiplikationen des Wirkens des Heiligen Geistes auf den menschlichen Geist, indem die Menschen sein Wirken in der Welt weitergeben.

Der Heilige Geist ist, wenn man alles Bisherige zusammennimmt, die senkrecht und nach außen wirkende Kraft der Offenbarung, d.h. sie geschieht von Gott zu bestimmten Menschen in seiner Schöpfung, die dann persönlich und individuell daran teilhaben (vgl. S. 475, Z. 29f.). Diese senkrecht vorzustellende Form wird in der Geschichte waagerecht, nämlich durch das Weitertragen dieses Ereignisses unter den Menschen.

Das Empfangen der Liebe, der Freiheit, der Beziehung und Geistesgaben begleitet und führt uns durch das von Gott geschaffene Leben (vgl. S. 476, Z. 19ff.). Bedeutsam ist nun die große Auswirkung, die das mit sich bringt und dieses Geschenk erst in seiner Vielschichtigkeit erkennen lässt.

Dadurch, dass die Beschenkten in ihrem Leben auf andere Menschen treffen, wird klar, dass sie das Geschenk überhaupt nur so erfahren oder weitergeben können. Beziehungen werden zu anderen Personen aufgebaut, denen sie ihre Liebe schenken, und in diesen Beziehungen erkennen sie sich als Individuum mit bestimmten

Eigenschaften und geistlichen Begabungen, die aber wiederum auch innerhalb dieser Beziehungen entfaltet werden. Die senkrechte Wirkung des Heiligen Geistes spiegelt sich so in der waagerechten Ebene, also den zwischenmenschlichen Beziehungen, wider, weitet sich aus und es zeigt sich, dass sie das ganze Leben umfasst (vgl. S. 495, Z. 42ff.) und die Menschen auch durch den Prozess zu Gliedern der christlichen Gemeinde werden, in den sie sich selbst (vom Heiligen Geist veranlasst) eingliedern (vgl. S. 477, Z. 43-46).

Die bereits dargestellte senkrechte ist untrennbar verbunden mit der waagerechten Kraft, weil sie identisch mit dem Heiligen Geist sind (vgl. S. 476, Z. 36ff.). Es lässt sich hierbei erkennen, wie eine Aussage wie „Gott ist die alles umschließende Wirklichkeit" zu verstehen sein kann.

Vom Heiligen Geist empfangen die Menschen in ihrem Leben Trost und Ermahnung zur Umkehr, die ebenfalls weitergetragen werden. Wir glauben durch ihn und dadurch hoffen wir (vgl. S. 486, Z. 5ff.). Dieser Gedankeneinschub ist eschatologischer Natur, weil er uns im Glauben die Hoffnung auf die noch ausstehende Wiederkunft Christi gibt. Weil Ewigkeit ein Gottesprädikat ist, kann er an den Menschen als Erlöser handeln. In Ewigkeit ist es so in Gott und kann darum in der Zeit an uns geschehen, worauf wir hoffen dürfen.

So steht es auch mit allem, was den Heiligen Geist betrifft. Was er in Ewigkeit ist und tut, geschieht durch ihn auch mit und an uns.

Abschluss

Auch wenn der Heilige Geist vor allem identisch mit seinen Wirkungen ist (vgl. S. 493, Z. 31-34), bleibt er immer der Geist Gottes und wird darum niemals identisch mit uns oder kann mit dem Sohn Gottes identifiziert werden, obwohl er zugleich immer ganz Gott ist. Er ist die Ursache, die Wirkung und die Lenkung des menschlichen Lebens und wir bleiben Gottes Geschöpfe und können nichts anderes tun, als den Heiligen Geist in Empfang zu nehmen.

Die Ausführungen anhand der verschiedenen Aspekte haben zusammengenommen die eingangs genannte Definition bestätigt. Vor allem lässt sich daran, dass die Entfaltung in verschiedene Richtungen gegangen ist, sehen, wie offen diese vermeintliche Definition eigentlich ist und dass Gott eben nicht definierbar ist. Das Medium ist und bleibt dabei die bildhafte und umschreibende Sprache.

Literatur

Barth, K.: Die Kirchliche Dogmatik, Studienausgabe, I/1, S. 470-514 (§12)